EL DIARIO DEL BIENESTAR

EL DIARIO DEL BIENESTAR

Creatividad para inspirarte

Traducción de María del Mar López Gil

PLAZA JANÉS

Papel certificado por el Forest Stewardship Council®

MIXTO
Papel procedente de fuentes responsables
FSC® C117695
www.fsc.org

Penguin Random House Grupo Editorial

Título original: *The Wellbeing Journal*
Primera edición: noviembre de 2022

Printed in Spain – Impreso en España

ISBN: 978-84-01-02909-7
Depósito legal: B-15419-2022

Diseño original de Claire Cater
Compuesto en M. I. Maquetación, S. L.

Impreso en Gómez Aparicio, S. A.
Madrid

L 0 2 9 0 9 7

Este diario pertenece a:

Introducción

A veces la vida puede parecer muy intensa.
Nos cuesta encontrar tiempo para nosotros mismos en medio de tanto ajetreo.
El objetivo de este pequeño libro es ayudarte a encontrar el tuyo, porque todos nos merecemos disfrutar de la sensación de *bienestar*.

Se trata de una herramienta para adquirir fortaleza y sabiduría, aprender a conocerte un poco mejor, expresarte con un poco más de libertad y abrazar tu faceta creativa. Cómo utilizarlo depende de ti —como diario, cuaderno de dibujo, libreta para listas, posavasos...—, pero hagas lo que hagas, esperamos que lo disfrutes. Y que te resulte de utilidad.

Un espacio para colorear

Colorear es una manera sencilla y relajante de dedicarte tiempo. Puede ser una práctica beneficiosa si te cuesta desconectar, ya que permite aquietar la mente y concentrarse sin esfuerzo.

Pruébalo con la ilustración de la derecha. Tómate tu tiempo para elegir los colores que quieres utilizar. Después dedica uno o dos minutos a observar la complejidad de los motivos antes de ponerte manos a la obra. Cuando quieras, comienza a colorear.

«Adopta el ritmo de la naturaleza: su secreto es la paciencia».

Ralph Waldo Emerson

Relaja el cuerpo

Cuando te estresas, tus músculos se contraen y tensan. Este ejercicio te ayuda a ser consciente de la tensión que hay en tu cuerpo y a relajar los músculos.

Tiéndete o siéntate con la espalda erguida y los pies en el suelo. Cierra los ojos o concéntrate en un punto lejano.

Comienza contrayendo los dedos de los pies todo lo que puedas durante unos segundos y a continuación relájalos. Nota la diferencia entre las dos sensaciones.

Acompasa el movimiento con la respiración. Tensa cada músculo al inhalar hondo y relájalo al exhalar.

Continúa contrayendo y relajando cada músculo en dirección a los muslos, el vientre y el resto del cuerpo, hasta los hombros y las manos. Presta atención a cualquier parte de tu cuerpo que notes tensa, contraída o fatigada. Puedes repetir estos pasos si aún sigues en tensión.

Relájate durante unos instantes y a continuación empieza a moverte lenta y suavemente. Cuando quieras, ponte de pie despacio.

Da alas a tu creatividad

Hacer algo creativo puede ayudar a que te sientas más en calma y te relajes. Funciona porque:

te evade de las preocupaciones

te proporciona un canal para focalizar tus emociones

estimula tus sentidos

Podrías probar a pintar, dibujar, hacer manualidades, tocar un instrumento musical, bailar, hornear algo o coser. La clave está en procurar no dar demasiada importancia al resultado final y centrarte en disfrutar.

Pasar aunque no sea más que unos minutos haciendo algo creativo surte un efecto beneficioso. Prueba a utilizar las formas y motivos de la derecha como inspiración para ponerte a garabatear un poco.

«Descubrí que con
colores y formas
podía decir cosas
que no podía decir
de ninguna otra
manera».

Georgia O'Keeffe

¿Con qué disfrutas?

La vida puede ser estresante, y a muchos nos da la sensación de que nos falta tiempo para las cosas con las que disfrutamos. Centramos nuestra energía en lo que tenemos que hacer y no en lo que deseamos hacer. Y cuando disponemos de un poco de tiempo para nosotros mismos, no solemos dedicarle la atención o el respeto que se merece.

Tú ¿con qué disfrutas? Tal vez viendo a los amigos, cocinando o sentándote a leer un libro. O a lo mejor saliendo a dar un paseo al aire libre o haciendo algo más aventurero.

Tómate tu tiempo para reflexionar detenidamente sobre qué te hace sentir bien y escribe una lista aquí. Después planifica cuándo vas a hacerlo.

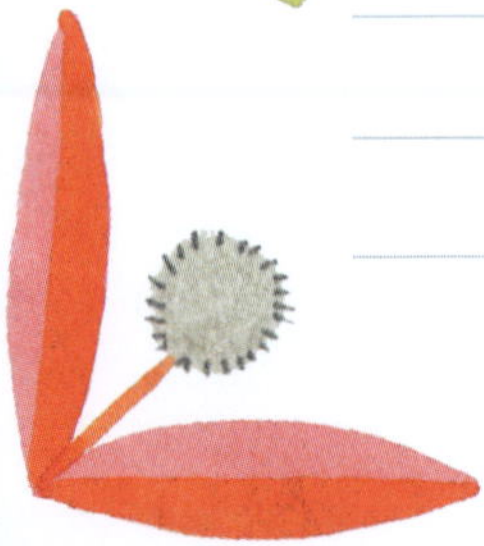

Consejos

Como nuestros gustos pueden cambiar con el paso del tiempo, vale la pena que te concedas el espacio necesario para plantearte qué te ha resultado realmente placentero hace poco.

•

No estaría de más que reflexionaras acerca de por qué disfrutas con esas cosas. ¿Es porque son restaurativas, creativas o energéticas? ¿Qué más podrías probar que pudiera reportarte beneficios similares?

¿Cómo estás?

¿Cómo te sientes en este momento? ¿Puedes describirlo?
¿Tiene un color o una forma? ¿Puedes dibujarlo?

Consejo

Si te cuesta dibujar a mano alzada, podrías probar utilizando las formas de esta página como punto de partida.

«Los árboles que tardan en crecer producen la mejor fruta».

Molière

Haz un descanso

Hacer un breve descanso cuando te sientes tenso puede ejercer un efecto sorprendente, pues reduce los niveles de estrés y te proporciona más capacidad para abordar las tareas que tienes por delante.

Intenta dar a tu descanso un enfoque para evadirte de todas las preocupaciones (un enfoque relajado, claro está). Puede ser suficiente con dar una vuelta o con escuchar tus canciones favoritas. Sube el volumen y empieza a bailar o a cantar al son de la música, o ponte los auriculares y cierra los ojos. Escucha con atención la música. ¿Eres capaz de distinguir los diferentes instrumentos? ¿Puedes percibir un ritmo de percusión o un compás en particular? Céntrate en la música y deja que cualquier otro pensamiento se disipe.

Si no dispones de mucho tiempo, otra opción es sentarte a colorear alguna parte de la ilustración de la izquierda.

Organiza tu tiempo

Realizar algunos ajustes en el modo en que organizas tu tiempo puede contribuir de una manera fácil a que sientas que puedes gestionar cualquier tarea que tengas por delante y seas capaz de soportar la presión.

Identifica tu mejor momento del día —puede que seas una persona madrugadora o noctámbula— y realiza las tareas más importantes, que requieren más energía y concentración, a esa hora.

Haz una lista de las cosas que tienes que hacer. Ordénalas según su importancia y trata de centrarte primero en la más urgente. Si tus tareas guardan relación con el trabajo, pide a un superior o a un compañero que te ayude a priorizarlas. Tal vez puedas aplazar algunas hasta que te sientas en mejores condiciones para llevarlas a cabo.

Diversifica tus actividades. Alterna las tareas interesantes con otras más mundanas, y las difíciles con las que te resulten más fáciles o puedas realizar con calma.

Procura no abarcar demasiado a la vez. Parece obvio, pero todos lo hacemos. La multitarea no solo puede dificultar que realices bien cualquier labor específica, sino también aumentar la sensación de presión.

Haz pausas y evita las prisas. A lo mejor te resulta difícil en momentos de estrés pero redundará en beneficio de tu productividad.

«En medio del invierno aprendí por fin que había en mí un verano invencible».

Albert Camus

Pensamientos y sentimientos

Cada día de esta semana rellena uno de estos cuadrados con un dibujo que represente cómo te sientes; consulta **«¿Cómo estás?»** para encontrar pistas que te ayuden a empezar. Al final de la semana repasa tu registro y reflexiona detenidamente acerca de los cambios experimentados en tus sentimientos.

Si este ejercicio te resulta de utilidad, podrías utilizar un calendario o un diario para realizar un seguimiento a más largo plazo.

Rotulador y papel

La próxima vez que necesites relajarte prueba con este sencillo ejercicio de dibujo:

1. Siéntate cómodamente con los pies bien apoyados en el suelo, la espalda recta y los hombros relajados.
2. Coge el rotulador y dibuja un círculo que ocupe la mayor parte de la página. ¡No pasa nada si te sale un poco torcido!
3. Continúa dibujando. Podrías seguir remarcando el círculo o rellenarlo con algún motivo, pero intenta no despegar el rotulador de la página. No te preocupes por el resultado final, simplemente continúa.
4. Tómate tu tiempo para concentrarte en lo que estás dibujando.
5. Mientras dibujas presta atención a la sensación del rotulador en contacto con el papel, al sonido que produce, a cómo cambia el color cuando dibujas rápido y cuando lo haces despacio.
6. Focalizarte en estas sensaciones puede ayudarte a aquietar la mente, como la meditación.
7. Al cabo de unos minutos prueba con un rotulador de otro color o con un dibujo diferente.

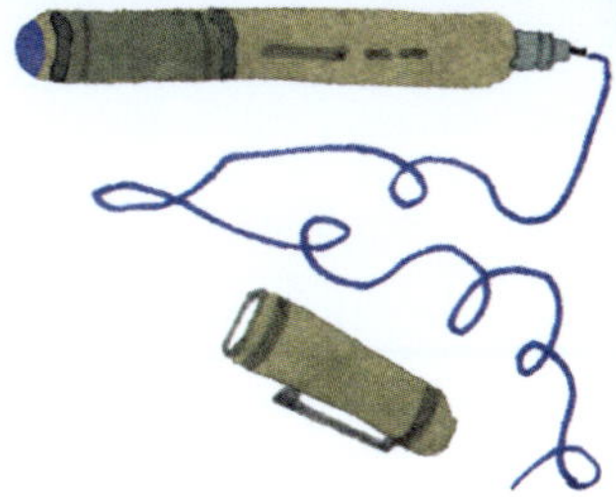

Consejos

Si te centras demasiado en conseguir un buen resultado, prueba con la otra mano.

•

Si te cuesta arrancar, a veces conviene comenzar coloreando un poco, solo para soltarte.

«La creatividad es contagiosa. Pásala».

Albert Einstein

El poder de la naturaleza

Pasar tiempo al aire libre y en espacios verdes puede ser estupendo para el bienestar físico y mental. Para obtener sus beneficios podrías:

Dar un paseo por el campo o por un parque fijándote bien en los árboles, en las flores, en las plantas y en los animales que veas a lo largo del camino.

•

Implicarte en iniciativas medioambientales, ya sea cultivando tu propio jardín o participando en un proyecto verde local.

Si ahora no tienes tiempo para salir a un entorno natural, pon un poco del poder de la naturaleza en casa coloreando la lámina de la izquierda con diversos tonos de verde. Si solo dispones de un lápiz o rotulador verde, podrías rellenar los segmentos con diferentes motivos, por ejemplo rayas, puntos o sombreado.

«La tierra tiene su música para aquellos que la escuchan».

Reginald Vincent Holmes

¿Por qué das las gracias?

Cada día nos enfrentamos a cosas que, según nos dicen, deberíamos desear. Podría tratarse de un anuncio de un coche o de una vida aparentemente perfecta en las redes sociales: todo pone de relieve aquello de lo que no disponemos en este momento. Reflexionar sobre lo que sí tenemos ahora quizá nos ayude a centrarnos de nuevo en las cosas positivas de nuestra vida, y a darnos cierta perspectiva. Todo cuenta, ya sea la gratitud por una estrecha amistad o la capacidad de disfrutar del aroma del café recién hecho.

Dibuja una cosa (o varias) por las que des gracias en tu vida. Si carece de forma definida, prueba a dibujar algo que lo simbolice.

«Nunca nadie
se ha vuelto pobre
por dar».

Ana Frank

El estrés: identifica sus detonantes

Averiguar lo que te provoca estrés puede ser beneficioso para adelantarte a los problemas y pensar en la forma de solventarlos. Prepararte ante estas situaciones, aun cuando te sea imposible evitarlas, es un gran paso.

Dedica unos minutos a reflexionar acerca de las circunstancias y sentimientos que podrían estar incidiendo en tu estrés, entre ellos:

Asuntos que surgen con regularidad y que te causan preocupación, por ejemplo pagar una factura o asistir a una cita.

•

Situaciones puntuales que ocupan tu mente, como mudarte de casa o presentarte a un examen.

•

Circunstancias estresantes prolongadas, como cuidar de un familiar o tener problemas en el trabajo.

Escribe aquí los detonantes de tu estrés y empieza a pensar en estrategias para gestionarlos. Podría ser tan sencillo como poner en práctica alguna de las técnicas de relajación de este libro.

Consejos

A lo mejor te sorprende descubrir la gran cantidad de cosas con las que estás lidiando al mismo tiempo.

•

Ten presente también que la falta de trabajo, actividades o cambios en tu vida puede ser igual de estresante que una carga excesiva que sobrellevar.

«Los hombres más
sabios aprecian un
poco de tontería
de vez en cuando».

Roald Dahl

Ponte a prueba sin tecnología

Puede que la tecnología sea estupenda para ayudarte a estar en contacto, pero en exceso es posible que contribuya a aumentar tu nivel de actividad y estrés. Tomarte un descanso, por corto que sea, quizá sea beneficioso para relajarte.

Prueba a apagar el teléfono durante una hora (o un día entero si te atreves).

•

Apártate de la televisión, o pasa una noche sin consultar el correo electrónico o las redes sociales, y dedica ese tiempo a relajarte haciendo otra cosa.

•

Identifica los momentos en los que miras el teléfono de manera automática, por ejemplo durante los trayectos en transporte público, y ten previsto hacer otra cosa, como escuchar música, leer un libro, pintar o dibujar un poco.

«En el momento en que
uno presta atención a
cualquier cosa, incluso
a una brizna de hierba,
se convierte en un mundo
misterioso, impresionante,
indescriptiblemente
magnífico en sí mismo».

Henry Miller

Da un paseo consciente

Pasar tiempo en espacios verdes contribuye a reducir el estrés, la ansiedad y la depresión, y una buena manera de relajarse es realizar ejercicio moderado. Prueba esta técnica meditativa la próxima vez que salgas a pasear para aprovechar al máximo lo que te ofrece la naturaleza.

1. Busca un espacio verde. Cuando llegues allí, detente un momento y respira hondo.

2. Camina despacio; procura no apurarte por llegar a algún sitio.

3. Toma plena conciencia de cada paso. Nota qué parte de tu pie toca el suelo primero y siente cómo el peso se desplaza a lo largo del pie.

4. Ten presente el resto de tu cuerpo: ¿cómo llevas los brazos?

5. Presta atención al suelo que pisas: ¿es hierba o tierra? ¿La sensación en contacto con el suelo es blanda?

6. Escucha los sonidos que te rodean: ¿oyes el canto de los pájaros o el susurro del viento entre las hojas?

Alternativa

A falta de un espacio verde, prueba a bajar la ventanilla y toma conciencia del entorno. ¿Hay nubes en el cielo, o ves árboles y plantas? ¿Notas la sensación de la lluvia, el viento o el sol sobre tu piel?

•

Otra opción es comprar una planta de interior para cuidarla y pasar tiempo prestando atención a su aroma, forma y textura. También podrías coger un poco de tierra del tiesto y concentrarte en la sensación que te produce.

«Hoy es un día maravilloso; nunca antes lo había visto».

Maya Angelou

Serenidad y tranquilidad

He aquí una técnica de relajación para cuando no te resulte fácil moverte o no tengas un lápiz a mano. Para este ejercicio lo único que necesitas es recurrir a tu imaginación. Si puedes, cierra los ojos y deja que la mente te transporte a algún lugar que te aporte serenidad.

Piensa en un sitio relajante y tranquilo. Podrías recordar algún lugar en el que hayas estado o en uno que hayas imaginado.

Piensa en los detalles de ese lugar. ¿Cómo es? ¿Qué tipo de colores y formas observas? ¿Oyes algún sonido? ¿Es cálido o fresco? Deja volar tu mente y que tu cuerpo se relaje.

Después podrías dibujar la escena aquí.

«Si escuchas una voz en tu interior que te dice que no puedes pintar, pinta de todas formas y la voz se silenciará».

Vincent van Gogh

Date un respiro

Aprender a ser más amable contigo mismo en general puede ayudarte a controlar el nivel de estrés que sientes en diferentes situaciones.

Prémiate por tus logros, incluso por pequeñas cosas como terminar una tarea o tomar una decisión. Podrías dar un paseo, leer un libro, disfrutar de tu comida favorita o simplemente decirte: «Bien hecho».

Cuando te sientas desanimado, echa un vistazo a la lista **«¿Con qué disfrutas?»** que elaboraste y planifica al menos una de esas cosas para los siguientes días.

Tómate un descanso o unas vacaciones. Cambiar de aires en tu rutina puede ayudar a que te relajes y tengas más energía. Incluso con pasar un día en un lugar diferente quizá todo te resulte más llevadero.

Si es posible, resuelve los conflictos. Aunque a veces resulte difícil, hablar con un jefe, un compañero de trabajo o un familiar sobre los problemas existentes en tu relación con ellos puede ayudarte a encontrar maneras de avanzar.

Perdónate cuando cometas una equivocación o no cumplas tus expectativas. Procura recordar que nadie es perfecto y que ponerte el listón demasiado alto no es bueno.

Respira sin más

Aprender a respirar hondo es una manera sencilla de mejorar tu bienestar. Este ejercicio es la mar de fácil y funciona de maravilla cuando te encuentras en mitad de un día difícil y necesitas un momento para recomponerte.

Inhala por la nariz y exhala por la boca. Intenta mantener los hombros relajados y coloca la mano sobre el abdomen; la idea es que se expanda con la inhalación y se contraiga con la exhalación.

•

Cuenta mientras respiras: comienza contando hasta cuatro al inhalar, cuatro al exhalar, y luego prueba para saber hasta cuánto tienes que contar para sentirte a gusto.

•

Si dispones de un poco más de tiempo, seguidamente podrías colorear la ilustración de la derecha manteniendo ese ritmo de respiración uniforme.

«Siempre que tu mente se distraiga, utiliza la respiración para volver a tomar las riendas».

Thích Nhất Hạnh

Un pedacito de naturaleza

Vuelve con algo de tu próximo paseo por la naturaleza (ya sea del campo, de tu jardín o de un parque), por ejemplo una hoja, una pluma o una piedrecita. Dedica unos minutos a fijarte con atención en sus colores, motivos y texturas. Ahora coge un lápiz y empieza a dibujarlo en esta página. No te preocupes por la precisión; puede ser tan abstracto o descuidado como se te antoje. Aquí la clave está en dejar que todas esas cosas que has descubierto sobre el objeto vayan ocupando tu mente poco a poco y guíen tu mano mientras dibujas.